P. Antonio Sagardoy

Das Gespräch mit Gott

Briefe nach Texten der
heiligen Teresa von Avila

VERITAS-VERLAG – WIEN–LINZ–PASSAU

1. Auflage   1.–3. Tausend
2. Auflage   4.–6. Tausend

© Veritas Linz/Donau; alle Rechte vorbehalten.
Gedruckt in Österreich. 2. Auflage/80.
Druck: OÖ. Landesverlag, 4020 Linz.
ISBN 3-85329-224-0

ÜBERBLICK

VORWORT

Zweifellos ist es ein gewagtes Unternehmen, im Namen der hl. Teresa von Avila einige Briefe über das Gebet zu schreiben.

Es war nicht meine Absicht, eine neue Übersetzung oder Adaptierung der Texte der hl. Teresa zu verfertigen.

Es ist bloß

1. ein Versuch, in Form von Briefen einige Schwerpunkte über das Gebet weiterzugeben;

2. ein Versuch, durch diese Texte auf die Lehre der hl. Teresa aufmerksam zu machen;

3. ein Versuch – oder besser: der Wunsch, daß vielleicht auf Grund dieser Briefe einige Leute langsam beginnen, die Werke der hl. Teresa zu lesen.

Dies ist es, was ich erreichen will. Es würde mich freuen, wenn diese Briefe dabei helfen könnten, die geistigen Schätze zu entdecken, die uns die hl. Teresa in ihren Schriften hinterlassen hat.

Die Anmerkungen bzw. Fußnoten sind folgenden Werken der hl. Teresa entnommen:
,,Leben oder Selbstbiographie'',
,,Weg der Vollkommenheit'',
,,Klostergründungen'',
,,Seelenburg'',
,,Briefe''.
Als Unterlage habe ich die spanische Gesamtausgabe der Werke der hl. Teresa verwendet, und zwar:

SANTA TERESA DE JESUS
OBRAS COMPLETAS
B.A.C.   MADRID 1962

Diese Ausgabe wurde von P. Efrem de la Madre de Dios OCD und Otger Stegging O. Carm. vorbereitet.
Mögen die Werke der hl. Teresa vielen Menschen Licht und Stärke auf dem Weg des Gebetes sein.

Wien, im August 1980

P. Antonio Sagardoy

HEILIGE TERESA VON AVILA

Die hl. Teresa von Avila wurde am 28. März 1515 in Avila geboren und starb am 4. Oktober 1582 in Alba de Tormes.

Mehrere Eigenschaften sind es, die sie berühmt werden ließen: Sie war

> eine große Heilige mit viel Hausverstand;
>
> die Reformatorin eines Ordens mit vielen Werten;
>
> eine Schriftstellerin, die uns tiefe und hilfreiche Werke hinterlassen hat;
>
> eine Mystikerin, die den Weg der Beschauung weist und deutet;
>
> nicht zuletzt eine Kirchenlehrerin, die mit ihrer Autorität und Erfahrung jeden, der das Gebet lebt und übt, führen kann.

Ihre Werke entstammen einer Zeitspanne ihres Lebens, die erkennen läßt, wie reif sie bereits war, bzw. wie tiefgehend die Erfahrungen waren, die sie gemacht hatte.

Ihre Werke sind ganz einfach Ausdruck des Ergriffenseins von Gott. Gott, der immer wieder in ihrem Leben die Initiative ergreift, zeigt ihr, wie vielfältig und liebevoll seine Pläne mit den Menschen sind.

Von dieser Warte aus gesehen, lassen sich einige Schwerpunkte ihres Lebens und ihrer Lehre besser verstehen:

- Aus einer ganz persönlichen Gottesbegegnung heraus wird sie ein Mensch des Gebetes und der Opferbereitschaft. Sie entschließt sich, Gott ohne Halbheiten und Kompromisse zu dienen.

- Sie empfiehlt das Gebet als den Weg schlechthin; auf diesem Weg kommen wir sicher zum Ziel, denn Gebet besteht im Grunde genommen darin, viel zu lieben.

- Sie bleibt als Mystikerin trotz zahlreicher außerordentlicher Gaben immer Mensch und betont die Notwendigkeit der menschlichen Tugenden.

I FANGEN SIE RICHTIG AN!

Jesus sei mit Ihnen!
Wie sehr habe ich mich gefreut, als ich von Ihren Wünschen erfuhr, sich dem Gebet zu widmen.

Ich glaube, daß es gerade bei den Anfängen notwendig ist, den rechten Weg zu finden, da schon eine kleine Abweichung zu Beginn eine große Wirkung hat.

Meiner Meinung nach ist es wichtig, mit großer Entschlossenheit zu beginnen[1]), denn wenn Sie den Wunsch verspüren, ganz allein mit Gott zu sprechen, und wenn Sie Distanz zu den Dingen der Welt gewinnen, dann brauchen Sie keine Angst mehr zu haben.

Freuen Sie sich darüber, haben Sie Vertrauen zu Gott. Er läßt seine Freunde nie im Stich.

Die Entschlossenheit also ist für den Anfang sehr wichtig.

Allerdings möchte ich Sie darum bitten, sich mit dem Wunsch, den Sie jetzt haben, nicht schon zufriedenzugeben. Dieser Weg des Gebetes ist – so wie ich ihn verstehe – ein dynamischer Weg; d. h., wir dürfen nicht stehenbleiben, sondern müssen immer voranschreiten.

---

1) Leben 11,13

Vielleicht gelingt es mir, Ihnen das mit einem Vergleich zu erkären:

> Stellen wir uns eine Burg mit vielen Wohnungen vor, die einen oben, andere unten, wieder andere rechts, andere links . . .[2]) In der Mitte aber ist die schönste Wohnung.

Alles beginnt damit, daß wir diese Burg entdecken, daß wir uns für sie interessieren. Dies ist aber noch zu wenig.

Es geht vielmehr darum, daß wir diese Burg nicht nur entdecken oder uns ihr zögernd nähern, sondern daß wir sie betreten.

Manche entdecken tatsächlich die Burg, betrachten sie ein wenig skeptisch, aber entschließen sich, nicht hineinzugehen – aus Angst, aus Unsicherheit. An sich ist das verständlich, da sie ja nicht wissen, wie schön diese Burg innen ist oder wer in ihr wohnt.

Bei Ihnen ist es aber anders.

Sie wissen schon, daß der Herr in uns, in unserer Burg ist, und Sie wissen, daß Er im Zentrum, in der Mitte dieser Burg wohnt.

Die Tür aber, die hineinführt, ist das Gebet und die Betrachtung. Entschließen Sie sich also, hineinzugehen, und durchschreiten Sie

---

[2] Seelenburg 1,1,3

alle Wohnungen, bis Sie die schönste in der Mitte entdecken. Wissen Sie, in dieser schönsten Wohnung geschieht die tiefe Begegnung zwischen Gott und uns.

Gott möge Ihnen die Gnade geben, meine Worte zu verstehen; Gott will Sie überreich beschenken.

Ich schreibe Ihnen dies, weil Sie glauben und wissen, daß Gott noch viel größere Beweise seiner Liebe gibt[3]).

Wer dies nicht glaubt, wird jenen Pfad nicht beschreiten und auch nicht diese tiefe Gottesbegegnung erfahren; denn der Herr liebt es, daß man sich von ihm großzügig beschenken läßt.

Ich bitte Sie, setzen Sie dem Wirken Gottes in Ihnen keine Grenzen.

Ihre
Teresa von Avila

---

3) Seelenburg 1,1,4

II MÜNDLICHES GEBET UND MEDITATION

Die Gnade des Heiligen Geistes sei immer mit Ihnen!

Ich habe ein wenig lächeln müssen, als Sie mir von Ihren „großen" Problemen schrieben – und zwar, ob Sie betrachten sollen oder ob Sie mit Zunge und Kehlkopf beten sollen . . .

Wissen Sie, wenn ich sagte, daß die Tür zur Burg das Gebet ist, so meine ich damit ganz einfach Gebet, denn meiner Ansicht nach, wenn es echtes Gebet sein soll – ob mündliches oder meditatives – muß es ganz bewußt und aufmerksam verrichtet werden[1].

Gebet ist für mich nicht das fromme Getue und Lippen-Bewegen, während man nicht dabei bedenkt, mit wem man spricht, was man sagt oder worum man bittet.

Manchmal denke ich an das, was einige in letzter Zeit so über das Gebet geschrieben haben – ob mündliches, meditatives, betrachtendes: Man muß den Hausverstand gebrauchen.

Aus meiner Erfahrung kann ich folgendes erzählen[2]:

---

1) Seelenburg 1,1,7
2) Weg der Vollkommenheit 17,3

Ich kenne eine Person, welche schon sehr alt ist. Glauben Sie mir, sie ist eine wunderbare Person – beispielhaft und gottesfürchtig –, und trotzdem verbringt sie viele Stunden und Jahre nur beim mündlichen Gebet; mit der Meditation vermag sie gar nichts anzufangen. Ich kann mir nicht vorstellen, daß solche Menschen vor Gott schlechter dastehen als die beschaulichen Charaktere und daß sie nicht zur Vollkommenheit kommen können. Wichtig ist, demütig zu bleiben; anzunehmen, was der Herr uns gibt und wie er uns geschaffen hat; kontemplativ oder aktiv.

Suchen wir die Meditation! Doch wenn sie einer nicht beherrscht, dann soll er mündlich beten oder lesen; wichtig ist, daß man die Zeit des Gebetes nicht vernachlässigt[3]).

Wie kann ich Ihnen dies noch deutlicher sagen, auf daß niemand Sie beunruhigt mit der Idee, Sie seien auf dem falschen Weg.

Ich habe selbst viel darunter gelitten. Ich sage Ihnen darum, wie es bei mir ist:

> Wenn ich es nicht vergesse, dann versuche ich das mündliche mit dem meditativen Gebet zu verbinden[4]).

3) Weg der Vollkommenheit 18,4
4) Weg der Vollkommenheit 22,3

Und so finde ich es gut, daß Sie, wenn Sie z. B. den Rosenkranz oder das Brevier zu beten beginnen, vorher überlegen, wer spricht, oder mit wem Sie sprechen . . .
Verwenden Sie immer vor dem mündlichen Gebet eine bestimmte Zeit für die Meditation oder den Versuch der Meditation.
Wenn Sie das tun, dann wissen Sie, daß Sie auf dem rechten Weg sind. Lassen Sie sich nicht von anderen verwirren, und verlieren Sie keine Zeit damit, einen anderen Pfad einzuschlagen.
Heute ist das Fest der hl. Maria Magdalena, die ich sehr verehre und um Hilfe bitte. Diese große Heilige möge Ihnen zeigen, wie man mit unserem Herrn umgehen soll.

Ihre unwürdige Schwester
Teresa von Avila

III MEDITATION

Der Heilige Geist sei mit Ihnen!
Das Gespräch mit Ihren Freunden war sicher interessant, wie Sie sagen; es tut mir aber leid, daß Ihre Freunde so skeptisch reagiert haben. Lassen Sie sich nicht verwirren!

Sie haben es gut verstanden: Mündliches und meditatives Gebet sollen eine Einheit bilden. Sehen Sie, es gibt Menschen, die sofort außer sich geraten, wenn sie das Wort Meditation nur hören.

Meditation bedeutet[1]):

> denken; verstehen, was wir sagen, mit wem wir sprechen, wer wir sind usw.

Glauben Sie bitte nicht, daß Meditation etwas anderes ist.
Mit anderen Worten könnte ich es Ihnen so erklären[2]):

> Meditation oder inneres Gebet ist meiner Meinung nach nichts anderes als ein freundschaftliches Treffen, bei dem wir oft und allein mit dem zusammenkommen, von dem wir wissen, daß er uns liebt.

---

1) Weg der Vollkommenheit 25,3
2) Leben 8,5

Wenn Sie es oft tun und wenn Ihre Freunde dies auch versuchen, dann – fast hätte ich ein wenig boshaft gesagt – würden Ihre Freunde froh sein, wenn auch sie öfters meditieren könnten.

Für heute soll es genug sein. Ich bin mit mehreren Dingen so beschäftigt, daß ich froh bin, Ihnen wenigstens diese wenigen Zeilen geschrieben zu haben.

Beten Sie für Ihre Freunde, damit sie den rechten Weg entdecken.

Ihre
Teresa von Avila

IV DER GARTEN

Jesus sei mit Ihnen!
Ihr Einwand im letzten Brief hat mir zu denken gegeben.
Sie fürchten, ich überfordere Sie mit meinen Worten über das innere Gebet . . . Sie meinen, noch ganz am Anfang zu sein . . .
Nein, ich will Sie nicht überfordern! Es liegt mir nur viel daran, daß Sie richtig anfangen. Wie könnte ich es Ihnen nur erklären? Vielleicht mit einem Vergleich, der gerade für jene paßt, die ganz am Anfang sind.
Wer am Anfang ist, soll sich vorstellen, daß er auf einem Boden, der mit Unkraut übersät ist, beginnt, einen Garten anzulegen, in dem der Herr sich wohlfühlen soll[1]).
Der Herr selbst reißt das Unkraut aus und setzt gute Pflanzen ein. Nachdem Er so viel in uns wirkt und so vieles in Ordnung bringt, besteht unsere Aufgabe bloß darin, die Pflanzen zu begießen, damit sie nicht verwelken, vielmehr schöne Blüten treiben.
Dann wird der Herr oft in den Garten kommen und sich daran erfreuen.
Wichtig wäre also, zu erkennen, wie man den Garten bewässern kann; zu wissen, was wir

---

1) Leben 11,6

tun sollen; ob die Strapazen größer sind als der Gewinn; bzw. . . . wie lang unser Weg ist; was wir sollen . . .

Ich meine, daß es vier Möglichkeiten gibt, den Garten zu bewässern:

die erste:

Man schöpft das Wasser aus einem Brunnen, was an und für sich eine Strapaz bedeutet;

die zweite:

Man fördert das Wasser mit einem Schöpfrad, mit Hilfe eines Maultieres, zu Tage; dies ist nicht so mühevoll und bringt mehr Wasser. Ich habe es selbst schon oft gemacht;

die dritte:

Man leitet das Wasser von einem Fluß oder Bach in den Garten. Der Gärtner muß sich dabei weniger anstrengen, die Erde wird besser durchtränkt, und man braucht nicht nachzugießen;

die vierte:

Es regnet; der Herr benetzt alles; wir haben keine Arbeit.

Dies ist die beste Möglichkeit!

Geistliche Themen bedürfen wohl der Vergleiche. Ob dieser Vergleich Ihnen hilft?

Wir können nun jene vier Möglichkeiten, den Garten zu bewässern, mit den vier Stufen des Gebetes vergleichen.

Hören Sie gut zu!

Wer das Gebet zu üben beginnt, gleicht dem, der das Wasser aus dem Brunnen schöpft; wer bisher immer sehr zerstreut zu leben gewohnt war, für den ist es nun eine Strapaz, sich zu sammeln.

Langsam muß er versuchen, mit sich allein zu sein, die Stille zu suchen, die Gedanken auf ein Thema zu konzentrieren.

Sie werden denken, daß dies nicht leicht ist. Ich kann Ihnen noch mehr sagen: Es gibt Tage, an denen alles trocken ist; man hat keine Lust, man ist sogar der Gefahr ausgesetzt, den Kübel in den Brunnen zu werfen und alles liegen zu lassen.

Was sollen wir in so einem Fall tun?

Glauben Sie mir, alle diese Strapazen und Schwierigkeiten haben ihren Wert. Ich selbst machte viele Jahre der Trockenheit durch, und ich weiß, wie peinigend dies sein kann. Manchmal denke ich, daß uns der Herr die schweren Dinge am Anfang erleben läßt, um zu sehen, wie stark jene sind, die Ihn lieben wollen.

Ich denke mir, er prüft uns, ob wir in der Lage sind, Ihm zu helfen, das Kreuz zu tragen.

Das Kreuz, das uns trifft, scheint uns bisweilen zu schwer.

Wir möchten davonlaufen, alles stehen lassen ... Die Versuchung ist groß.

Auch Elias, der Prophet des Herrn, wollte sterben, weil ihn der Anblick des Kreuzes überwältigte.

Der Herr jedoch gab ihm Kraft und machte aus ihm einen Menschen, der mit Eifer für die Ehre Jahwes kämpfte.

Allen Versuchungen, allem Überdruß zum Trotz, ist er durch Gottes Kraft sein Prophet und Kämpfer geworden.

Ich habe ein wenig den Faden verloren; aber wissen Sie, wir Karmeliten feiern heute diesen großen Propheten, der sich aus Liebe zu Gott verzehrte.

Um wieder zu unserem Thema zu kommen: Sie möchten wissen, was wir in der Situation der Trockenheit und Unlust machen sollen.

Sehen Sie, ich meine, daß sich der Gärtner mit dem Gedanken freuen und trösten soll, daß es etwas Großartiges ist, in so einem Garten arbeiten zu dürfen. Es handelt sich um eine Ehrensache und nicht bloß um eine Pflicht. Er soll daran denken, daß er nicht dazu da ist, sich selbst Freude zu bereiten, sondern nur dem Herrn.

In solchen Fällen kommt es auf unsere Entschlossenheit an; denn wenn wir uns einmal entschlossen haben, diesen Weg des Kontaktes mit Gott zu gehen, brauchen wir weder Angst zu empfinden, noch traurig zu sein.

Ich sage es Ihnen noch einmal in der Überzeugung, daß eine Wiederholung nicht schadet: Wenn Sie zur Freiheit des Geistes kommen, wenn Sie nicht betrübt sein wollen, dann dürfen Sie weder Trockenheit noch Zerstreuung fürchten.

Ich wüßte nicht, was noch hinzuzufügen wäre.

Möge Gott Ihnen bei diesen Anfangsschwierigkeiten beistehen!

Ihre
Teresa von Avila

V ZERSTREUUNGEN

Die Gnade des Heiligen Geistes sei mit Ihnen! Letztes Mal vergaß ich auf die Beantwortung einer Ihrer Fragen. Ich danke Ihnen, daß Sie nochmals fragen.

Immer wieder stellen Sie fest, daß Sie beim Gebet Ihre Gedanken nicht bändigen können. Sie sehen, daß es nicht geht und . . . Verlieren Sie doch nicht zu schnell die Geduld!

Es gibt tatsächlich zerstreute Leute; diese sollen sich nur daran gewöhnen, diszipliniert zu denken. Ich weiß, daß es möglich ist, denn ich habe selber einige Jahre die Plage der Zerstreuungen durchlitten[1]). Sollte es uns in einem Jahr nicht gelingen, macht es nichts; es sollte uns nicht leid sein um die Zeit, die wir an diese Sache verwenden.

Man kann sich dabei aber auch ein wenig helfen. Ich würde kurz und bündig folgendes vorschlagen: Wir versuchen, beim Herrn zu bleiben, in Seiner Nähe und Gegenwart. Damit meine ich nicht, daß man an Ihn denkt oder große Gedanken wälzt; vielmehr daß man ihn anschaut. Es gibt Menschen, die

---

1) Weg der Vollkommenheit 26,2

beim Gebet vergessen wollen, daß sie Menschen sind. Und Menschen erleben Schwankungen: Manchmal sind sie gut, manchmal schlecht gelaunt; manchmal sind sie froh, manchmal traurig . . . Und ich glaube, daß diese unsere psychische Verfassung uns eine Hilfe sein kann. Z. B.: Wenn Sie sich sehr froh und glücklich fühlen, schauen Sie Jesus, den Herrn, als Auferstandenen[2]), oder wenn Sie traurig und niedergeschlagen sind, sehen Sie Ihn am Ölberg oder auf dem Weg zur Kreuzigung . . .

Sie brauchen sich das nicht zu kompliziert vorzustellen. Tragen Sie z. B. immer ein Bild des Herrn bei sich. Schauen Sie es öfters an, sprechen Sie mit Ihm[3]).

Ich kann mir nicht vorstellen, daß Ihnen die Worte fehlen werden. Sollte das passieren, wäre es nicht gut. Durch Mangel an Kontakt entsteht schnell eine gewisse Entfremdung; ja ich denke sogar, daß ohne Kontakt Freundschaft verloren geht.

Wenn Ihnen die Worte ganz fehlen, dann hat dies mit Zerstreuung wenig zu tun, weit mehr mit Entfremdung . . .

---

2) Weg der Vollkommenheit 26,4
3) Weg der Vollkommenheit 26,9

Was Sie mir sagten, bezeugt jedoch, daß Sie den Kontakt und die Freundschaft mit Gott suchen. Das freut mich. Lassen Sie sich nicht irritieren durch die Zerstreuungen!

Ein anderer guter Rat: Mir persönlich half es, ein gutes Buch zu lesen. Gerade die Lektüre kann eine Stütze bei der Sammlung sein. Probieren Sie es! Es gibt übrigens jetzt viele Bücher über Meditation.

Noch etwas fällt mir ein: Es gibt Menschen, die oft furchtbar darunter leiden, daß sie nicht den ganzen Tag gesammelt bleiben können oder sich einfach mit anderen Dingen beschäftigen müssen[4].

Ich möchte nicht sagen, daß es keine große Gnade ist, wenn man den ganzen Tag die Gedanken bändigen kann. Dennoch – ich glaube, es Ihnen schon einmal geschrieben zu haben –: Das Wesen des wahren Gebetes besteht nicht darin, viel zu denken, sondern darin, viel zu lieben.

Bedenken Sie: Nicht alle Menschen vermögen es, viel zu denken; doch alle können viel lieben. Und das ist ein Trost für jeden – also auch für Sie in Ihrer konkreten Situation.

---

4) Klosterstiftungen 5,2

Sie können nicht den ganzen Tag beten oder in der Kirche sitzen, selbst wenn Sie dies gerne tun möchten[5]).

Sie tragen Verantwortung, Sie haben Aufgaben, Sie haben mit Menschen zu tun. Seien Sie nicht traurig deswegen, denn gleichgültig, ob Sie im Büro, im Geschäft oder in der Küche zu tun haben: der Herr ist überall.

Vieles könnte ich noch darüber schreiben. Glauben Sie mir aber, daß das Wachstum der Liebe nicht unbedingt mit unseren Anstrengungen beim langen Beten zusammenhängt. Alles muß nämlich aus der Hand des Herrn kommen.

Gelobt sei der Herr in Ewigkeit!

Ihre
Teresa von Avila

---

5) Klosterstiftungen 5,8

VI   LASSEN SIE SICH FÜHREN!

Jesus sei mit Ihnen und helfe Ihnen, ein heiliges Leben zu führen!
Heute, am Fest unserer Herrin und Mutter, habe ich den Brief bekommen, den Sie mir durch Ihre Bekannten zukommen ließen.
Große Freude bereitet es mir, daß Sie immer wieder alles so offen mitteilen.
Ich verstehe Ihre Entmutigung. Sie möchten, aber Sie können nicht. Sie nehmen sich zusammen – und erleben innere Leere und Trockenheit. Lassen Sie sich dadurch nicht entmutigen. Haben Sie Geduld mit Ihren fast gelungenen Schritten.
Als ich von Ihren Zweifeln hörte, fragte ich mich, wie ich Ihnen konkret helfen könnte.
Ich würde Ihnen empfehlen, vor allem jetzt am Anfang viel Kontakt mit Menschen zu suchen, die so wie Sie dieses Gebetsleben suchen[1]). Das ist wichtig. Ich kann mir nicht vorstellen, daß ich selbst ohne die Hilfe anderer durchgehalten hätte.
Jeder braucht im Alltag gute Freunde, mit denen er sich aussprechen kann – Freunde, die uns ermutigen, trösten oder sich mit uns freu-

---

1) Leben 7,20

26

en. Wieviel mehr brauchen wir solche Freunde, wenn es um das Gebet geht.

Noch etwas anderes fällt mir ein: Ich habe immer die Ansicht vertreten, daß Menschen, die bewußt als Gläubige leben wollen, sich immer von kenntnisreichen Priestern beraten lassen sollen[2]).

Für Menschen, die das Gebet üben, ist dies noch wichtiger; und je intensiver Sie das Gebet pflegen, desto notwendiger wird es.

Ich weiß, was man so hört: daß gelehrte – also kenntnisreiche – Priester nichts seien für Leute, die sich dem Gebet intensiv widmen wollen.

Glauben Sie solchen Reden nicht!

Ich habe ganz gute Erfahrungen mit solchen Priestern gemacht. Sicherlich hätte ich es begrüßt, wenn sie dazu noch sehr tugendhaft gewesen wären. Aber wissen Sie, geistige Führer ohne viel Wissen sind nicht sehr empfehlenswert.

Ein ganzes Leben lang war ich Freund gelehrter Priester; und selbst wenn darunter manche keine praktische Erfahrung hatten, kannten sie sich aufgrund ihrer Bildung bei diesen geistlichen Dingen sehr gut aus.

---

2) Leben 13, 18

Hoffentlich habe ich mich klar ausgedrückt. Es hängt nämlich sehr viel davon ab, daß Sie entschlossen diesem Rat folgen.
Im übrigen bewahre uns der Herr vor albernen Andachtsübungen, die verdächtig sind.

Ihre
Teresa von Avila

VII   DIE VERSUCHUNG DER GUTEN

Der Herr sei mit Ihnen und vergelte Ihnen die Freude, die Sie mir bereiten!

Noch bevor ich Ihren Brief erhielt, hörte ich von der Schwierigkeit, einen guten Beichtvater oder Seelenführer zu finden. Es ist mir klar, daß das nicht leicht ist.

Suchen Sie jedoch weiter; denn Personen, die sich dem Gebet widmen, brauchen unbedingt einen guten und kenntnisreichen Beichtvater.

Glauben Sie nicht, daß dies eine fixe Idee oder gar eine Sturheit von mir ist. Dieses Thema darf deshalb nicht unter den Tisch fallen, weil die Gefahr der Täuschung groß ist.

Oft kommt es vor, daß diese unter dem Vorwand des Guten auftaucht. Wie raffiniert kann doch Versuchung sein!

Mir wäre es recht, wenn ein jeder gut geführt werden würde. Niemand aber soll glauben, er sei so auf der Hut, daß er nicht getäuscht werden könnte.

Sogar unter dem Vorwand der Demut taucht die Versuchung auf[1]. Auf einmal hält man es für vermessen, Großes zu denken, die Heiligen nachahmen zu wollen oder gar das Martyrium zu wünschen.

---

1) Leben 13,4

Wir als kleine sündige Menschen haben Gedanken dieser Art. Die Heiligen, meinen wir, seien zu bewundern, aber nicht nachzuahmen. Sie seien uns eine Nummer zu groß. Es stimmt, daß wir Sünder sind; aber wir sollten doch unterscheiden, welchen Heiligen wir nachahmen können und welchen nicht.

Nicht alle sind und nicht alles ist für uns unerreichbar.

Glauben Sie aber nicht, daß alle Versuchungen so deutlich sind.

So gibt es Menschen, die meinen, die Heiligen aus Gesundheitsgründen nicht nachahmen zu können[2]). Sie fürchten, krank zu werden; fürchten, sich zu strapazieren; haben Angst vor jeder Kleinigkeit . . . Mir selbst passierte dies. Ich bin kränklich; aber bevor ich mich entschloß, nicht mehr ängstlich auf die Gesundheit zu starren, war ich nichts wert und wie gefesselt.

Heute, wo ich viel weniger darauf achte, bin ich gesünder. Gott sei Dank kam ich zur Erkenntnis, daß auch diese Angst nur eine Versuchung war. Ich bitte Sie: Lernen Sie aus meinen Fehlern! Noch mehr Fehler von mir würde ich Ihnen erzählen, wenn ich wüßte, daß es für Sie eine Hilfe ist.

2) Leben 13,7

Andere Versuchungen wiederum zeigen sich unter dem Deckmantel von Eifer und Gottesliebe. Merkwürdig, nicht?

Man wünscht ganz einfach, daß alle Menschen frömmer, vergeistigter werden[3]). Dieser Wunsch ist ja nicht schlecht; an seine Verwirklichung aber muß man mit großer Klugheit gehen, und man darf dabei nie den Eindruck machen, die anderen belehren zu wollen.

Nein, das wäre nicht gut!

Momentan ist es für Sie das Beste, wenn Sie nur Gott und sich selbst vor Augen haben. Denken Sie nicht so viel an die anderen!

Wenn Sie diesen Rat befolgen, werden Sie frei sein von unnötigem Kummer und unnötigen Sorgen.

Es gibt Menschen, die traurig werden, wenn sie bei anderen Fehler entdecken[4]). Sie wollen, daß diese keine Fehler machen; möchten, daß sie . . . Ja, und es schaut so gut und heilig aus!

Das ist nämlich das größte Übel, daß sie eine solche Haltung für tugendhaft und als Ausdruck eines echten Eifers für Gott ansehen. Dabei ist es eine Versuchung!

3) Leben 13,8
4) Leben 13,10

Die Sorge um die Fehler der anderen macht jene Leute so unruhig und nervös, daß sie nicht einmal beten können.

Ich bitte Sie, lassen Sie sich von diesen und anderen raffinierten Versuchungen nicht beirren. Und vergessen Sie nicht, was ich Ihnen zu Beginn geschrieben habe: Suchen Sie sich einen Beichtvater. Ich besprach alles mit meinen Beichtvätern in Offenheit und Aufrichtigkeit[5]), obwohl mich manche nicht gerade sanft behandelten[6]).

Unser Herr zeige Ihnen den Weg und mache Sie glücklich.

Ihre
Teresa von Avila

---

5) Klosterstiftungen 2,2
6) Leben 30,13

VIII DAS INNERE GEBET

Jesus sei mit Ihnen und vergelte Ihnen alles, was Sie für mich tun!

Ich hoffe, daß Sie sich ein wenig erholten und nun die Kraft haben, auf dem Weg des Gebetes voranzuschreiten.

Freilich verstehe ich Ihre Unruhe.

Sie ahnen bereits, was das Gebet ist, und möchten wissen, was Sie noch tun sollen.

Nur keine Angst, die Sache ist einfach!

Das innere Gebet, wenn es echt sein soll, ist nichts Kompliziertes. Ich habe den Verdacht, daß Sie in Ihrem Brief von mir eine Art Programm erwarten . . . Denken Sie bitte nicht so ,,programmatisch"!

Ich weiß, daß es sehr viele Menschen gibt, die sich auf dem Weg des Gebetes plagen und darunter leiden. Grund dafür ist, daß sie sich nicht auskennen, daß sie falsch eingeführt wurden.

Sie kämpfen, sind unruhig, strengen sich an, denken, überlegen . . . und kommen doch nicht zur Ruhe.

Manche meinen, sie müßten pausenlos denken. Aber nein! So wie wir in der Woche einen Sonntag haben, d. h., einen Tag, an dem man ausruht, ist es auch beim Gebet notwendig, auszuspannen.

Solche Momente sind kein Zeitverlust[1])!

Nochmals und immer wieder: Das Wesen des inneren Gebetes besteht nicht darin, viel zu denken, sondern viel zu lieben[2])! Wir müssen also versuchen, zu tun, was uns zu lieben hilft.

So einfach ist es.

Hoffentlich wissen Sie aber, worin die Liebe zu Gott besteht.

Denn dabei kommt es nicht auf das Gefühl an, vielmehr auf die Bereitschaft, nur das zu machen, was Gott gefällt, und zu vermeiden, was Ihn beleidigt.

Die Liebe besteht weiters im Gebet um Gottes Verherrlichung und um die Entfaltung seiner Kirche.

Das sind die echten Zeichen der Liebe. Wenn Sie diese bei sich entdecken, dann denken Sie bitte nicht mehr, daß alles keinen Sinn hat, weil Sie sich beim Gebet nicht konzentrieren können.

Vermeiden Sie eine solche große Täuschung. Wie viele Menschen wären froher und ausgeglichener, wenn sie sich immer folgendes vor

---

1) Leben 13,11
2) Seelenburg 4,1,7

Augen hielten: Es geht beim Gebet darum, daß wir Gott immer näher kommen und Ihn immer mehr lieben. Bemühen wir uns daher, alles zu tun, was uns hilft, unseren Herrn intensiver zu lieben.

Und noch eines möchte ich hinzufügen: Sagen Sie all das auch Ihren Freunden, damit diese nicht glauben, daß Meditation in anderen Dingen besteht.

Gott schenke Ihnen allen seine Gnade!

Ihre
Teresa von Avila

Jesus sei mit Ihnen!
Endlich finde ich einmal Zeit, Ihnen ausführlicher zu schreiben. Hoffentlich auch etwas geordneter. Ihre Fragen und Zweifel verlangen, daß ich genauer darauf eingehe.
Warum glauben Sie eigentlich, daß Sie nie zu dem inneren Gebet gelangen werden? Denken Sie etwa, Sie seien nicht würdig, hätten zu viele Fehler, oder dieser Weg sei zu schwierig für Sie?
Seien Sie nicht kindisch! Sagen Sie bitte nicht, wenn nicht ein vorbildliches, so lieber überhaupt kein Gebetsleben.
Das ist eine Versuchung, mit der gerade fromme Menschen kämpfen müssen.
Ich bitte Sie: Lassen Sie sich auf solche Überlegungen nicht ein! Zu meiner Schande muß ich gestehen, daß auch ich diesem Irrtum verfiel[1]). Ich begann nämlich zu denken, es wäre Mangel an Demut, ein Gebetsleben anzustreben und zugleich ein schwacher Mensch zu sein – und so unterließ ich das Gebet anderthalb Jahre. (Oder zumindest ein volles Jahr – ich kann mich nicht mehr genau erinnern.)

---

1) Leben 19,4

Immer dachte ich, wenn ich keine Sünden habe, dann werde ich mich ganz dem Gebet widmen. Lachen Sie nicht – aber da hätte ich bis zum Letzten Gericht warten müssen. Stellen Sie sich vor, auch Sie hätten so lange zu warten! Wir würden dann nie beginnen dürfen.

Darum bitte ich Sie: Lassen Sie sich nichts einreden!

Wenn Sie schon mit dem Gebetsleben angefangen haben, so bleiben Sie auch dabei[2]).

Ich spreche aus Erfahrung: Egal, welche Fehler Sie auch haben mögen: Geben Sie das Gebet nicht auf; denn in ihm beginnt der Weg, der zur Besserung führt!

Ohne Gebet wird alles für Sie noch viel schwieriger sein.

Ich kann mir vorstellen, daß einige auf Grund ihrer schwachen Natur versagen und fallen können; aber dies ist nicht so wichtig. Tragisch ist vielmehr, wenn sie das Gebet aufgeben[3]).

Ab dem Zeitpunkt nämlich geht es abwärts. Haben Sie das richtig verstanden? Oder ist Ihnen das zu theoretisch? Glauben Sie bitte

---

2) Leben 8,5
3) Leben 15,3

nicht, daß ich Ihnen nur etwas Auserlesenes erzähle. Soll ich Ihnen alles sagen?

Gott weiß, was ich durchgemacht habe[4]. 18 Jahre lang litt ich darunter, daß alles in mir trocken und leer war, daß ich nicht einmal nachdenken konnte.

Manchmal gelang es mir, mich nach der Kommunion ein wenig zu konzentrieren und zu beten – aber sonst . . .

Nun, was glauben Sie, was ich tat? Ich nahm ein religiöses Buch zur Hand, las darin und konnte mir so ein wenig helfen.

Ohne Buch war es aus; meine Gedanken waren einfach nicht zu beherrschen. 18 Jahre sind wirklich eine lange Zeit!

Vielleicht können Sie es so wie ich machen! Einen Tag werden Sie dabei mehr lesen müssen, den anderen weniger. Wichtig ist, daß es Ihnen hilft, sich zu sammeln und zu beten. Machen Sie es so!

Ich habe Sie so lieb gewonnen, daß ich Sie nun aus Liebe zu Gott um etwas bitten möchte: Geben Sie das Gebet nie auf; und wenn es in Ihrem Innern sehr trocken und leer ausschaut oder wenn Sie sich nicht konzentrieren können, dann greifen Sie zu einem Buch!

---

4) Leben 4,9

Mir half das. Hoffentlich hilft es auch Ihnen! Darum bittet inständig

Ihre
Teresa von Avila

P.S.: Ich habe nochmals diese Zeilen gelesen und so manche Wiederholungen bemerkt. Entschuldigen Sie mich bitte; aber das passiert immer, wenn man alt ist.
Gott möge mir verzeihen! Ihm möchte ich dienen.

X GEBET UND LEBEN

Der Heilige Geist sei immer mit Ihnen und schenke Ihnen Gottesfurcht und Liebe!

Ihr letzter Brief sagte mir sehr viel. Ich meine nicht das mit der täglichen Zeit für das Gebet, was sicher sehr wichtig ist, sondern das, was man zwischen den Zeilen liest.

Sie haben recht: Ein echtes Gebet wirkt auf den Alltag; und je echter das Gebet ist, desto größer werden die positiven Auswirkungen sein.

Vieles könnte ich Ihnen sagen, was Gott in jenen verursacht, die sich dem Gebet widmen. Ich selbst habe schon vieles erfahren, obwohl ich doch ein wirklich schwacher Mensch bin. Gerade in meiner Schwäche aber spürte ich, was für mich das Gebet bedeutete: Es war mir wie eine Säule[1]). Wenn ich mich daran festhielt, konnte ich alle Schwierigkeiten des Alltags bewältigen. O mein Gott, dies war nicht leicht, denn – ich glaube, ich schrieb es Ihnen bereits – fast 20 Jahre hatte ich zu kämpfen! Das Gebet ist eine große Stütze im Leben. Ich kann Sie nur dazu ermuntern.

Nehmen Sie sich weiterhin täglich Zeit für das Gebet und Sie werden sehen, was für Entdek-

---

1) Leben 8,1

kungen Sie machen. Von Tag zu Tag werden Sie immer besser erkennen, wie Sie sind[2]). Ihre Fehler werden Ihnen bewußt, Sie selbst bescheiden und demütig werden.

Diese Erfahrung ist von größter Bedeutung für Menschen, die das Gebet üben.

Das Bewußtwerden unserer Fehler ist keine Belastung, sondern innere Befreiung. Ich hätte Sie gerne immer frei, frei von Lüge und von Täuschung; denn Gebet ohne Wahrheit mag ich nicht[3]).

Wenn Leute erst beginnen, mit fragwürdigen Haltungen und Andachtsübungen . . .

Nein, diese sollen sich dem Gebet nicht widmen! Die Gefahr der Täuschung ist zu groß. Wir sprachen einmal in unserer Gemeinschaft so nebenbei über Verschiedenes, als meine Schwestern mich fragten, was ich denn von den frommen Menschen halte, die mit niemandem sprechen oder – boshaft formuliert – einen ,,Devotionswinkel'' nehmen.

,,Meine Töchter'', sagte ich damals zu ihnen, ,,je frommer und heiliger ihr seid, desto normaler sollt ihr auch in den zwischenmenschlichen Beziehungen sein''[4]).

---

2) Leben 7,17
3) Leben 13, 16
4) Weg der Vollkommenheit 41,7

Ich halte es für überaus wichtig, daß die Leute nicht Distanz von uns halten, weil wir so fromm ausschauen. Sie sollen gerne mit uns sprechen, den Kontakt mit uns und auch unsere Lebensform schätzen.

Sie verstehen doch einen Spaß! Nun, zu Ihnen paßt kein frommes Gesicht. Bleiben Sie so fröhlich, wie Sie immer waren! Frohe Menschen, die sich dem Gebet widmen, sind die beste Reklame für das Gebet.

Gott möge Ihnen jenes wahre Gebet schenken, das Ihr Leben froh und zugleich tief macht!

Ihre
Teresa von Avila

XI GOTT IN UNS

Die Gnade des Heiligen Geistes sei mit Ihnen!
Alle Nachrichten von Ihnen bereiten mir
große Freude, denn ich sehe, daß und wie unser Herr Sie erwählt hat, um Sie reich zu beschenken. Lob und Preis sei unserem Gott,
der uns Menschen so viel geben will!
Bemühen Sie sich nicht krampfhaft, unseren
Herrn zu suchen, ER ist uns ja ganz nahe, ER
wohnt ja in uns, in unserem Herzen, so wie es
der hl. Augustinus sagt.
Wenn wir dies richtig verstünden, welch
große Hilfe hätten wir dann:

> Um mit IHM zu sprechen, brauchen wir
> nicht laut zu sein. ER ist uns ganz nah
> und hört alles; um IHM zu begegnen,
> oder um uns mit IHM zu erfreuen, brau-
> chen wir IHN nicht suchen zu gehen.

Wir brauchen nur Stille, um IHN in unserem
Herzen zu schauen, und sollen nicht er-
schrecken, den hohen Gast bei uns zu wissen[1].
Sprechen wir ganz demütig mit IHM, erzählen wir IHM von unseren Mühen und Arbeiten und bitten wir IHN um Hilfe.

---

1) Weg der Vollkommenheit 28,2

Sprechen Sie also immer wieder mit IHM, in aller Schlichtheit und Offenheit.

Ich weiß, daß Sie sich vor allem um diese Art zu beten bemühen. Machen Sie so weiter! Ein solches Gebet der Sammlung ist ein wunderbarer Weg; und wer auf ihm geht, wird in kurzer Zeit viel erreichen[2]).

Es ist gut, zu wissen, daß dieser große Herr und Gott sich klein macht und in uns wohnt. In unserem Herzen hat ER seine Wohnung, seinen Palast. Es wäre gut, wenn ER tun und lassen könnte, was ER will, aber . . . ER respektiert unsere Freiheit[3]).

So nimmt ER nur, was wir IHM geben – aber . . . Es wäre gut, sich immer dies vor Augen zu halten:

> ER schenkt sich uns solange nicht ganz,
> bis wir uns IHM ganz schenken.

Unser Bemühen soll darin bestehen, IHM uns ganz zu geben.

Der Herr lehre Sie, dies alles zu tun; denn von mir kann ich sagen: Nie betete ich mit einer solchen Zufriedenheit, ehe nicht der Herr mir diesen Weg des Gebetes wies.

---

2) Weg der Vollkommenheit 28,5
3) Weg der Vollkommenheit 28,12

Und so mache ich Schluß. – Machen Sie weiter, und vergessen Sie es nicht: Sie können mit IHM reden, ohne schreien zu müssen; Sie können IHM öfters am Tag Gesellschaft leisten, denn ER ist ja bei Ihnen[4]).
Der Herr schenke Ihnen die Gnade, immer in seiner Gegenwart zu leben.

Ihre
Teresa von Avila

---

4) Weg der Vollkommenheit 29,8

Jesus sei mit Ihnen!

Letztes Mal erzählte ich Ihnen vom Gebet der Sammlung, und in der Eile habe ich dann vergessen, es Ihnen näher zu erklären.

Entschuldigen Sie bitte meine Zerstreutheit.

Dieses Gebet der Sammlung ist etwas, das ich persönlich sehr schätze, denn wenn Sie sich an meine Definition des Gebetes erinnern, werden Sie sofort verstehen, wie vieles davon hier Wirklichkeit wird.

Gott, der Herr, ist uns so nahe, daß wir mit IHM sprechen können.

Ich schätze diese Art des Gebetes so hoch, daß ich Ihnen einige wichtige Punkte ans Herz legen möchte. Ich bin nämlich davon überzeugt, daß wir auf dieser Stufe vieles erreichen können.

Meiner Meinung nach ist es nötig, daß wir uns weder von den Eitelkeiten dieser Welt blenden, noch von unwichtigen Dingen ablenken lassen[1]).

Wie wichtig ist es doch, immer vor Augen zu haben, wer in unserer Seele wohnt, und ihn nicht allein zu lassen.

---

1) Weg der Vollkommenheit 28,11

Wenn Sie nur ahnten, wie wichtig das ist, würden Sie verstehen, warum ich es so oft wiederhole. Wir müssen uns langsam von allem befreien, um bewußter und leichter Gott näher zu kommen[2]).

Ich würde Sie bitten: Bemühen Sie sich immer wieder darum, sich selbst zu beherrschen und in die Hand zu nehmen!

Ja, wenn Sie sprechen, denken Sie daran, daß es möglich ist, mit dem Herrn zu sprechen, der in Ihrem Inneren wohnt; wenn Sie zuhören, denken Sie daran, daß Sie auf den hören sollen, der ganz nahe ist und in Ihnen spricht[3]).

Was soll ich Ihnen sagen? Wenn Sie wollen, können Sie sowieso immer bei IHM bleiben, ohne sich von IHM trennen zu müssen.

Ich bin sicher, daß Sie, wenn Sie einmal diese Erfahrung machen, dann verstehen werden, was ich Ihnen schreibe.

Allerdings – und dies möchte ich klarstellen – geht es dabei nicht um etwas Übernatürliches, sondern um etwas, das wir selbst erreichen können[4]); selbstverständlich nur mit der Hilfe

---

2) Weg der Vollkommenheit 29,5
3) Weg der Vollkommenheit 29,8
4) Weg der Vollkommenheit 29,4

Gottes, denn ohne IHN sind wir nicht einmal fähig, einen guten Gedanken zu haben.

Ich bitte den Herrn, ER möge Ihnen dies alles zeigen; denn wie ich Ihnen letztesmal schrieb, habe ich erst richtig mit Freude beten können, als der Herr mich diese Art lehrte[5]).

Und ich habe immer so viel Positives bei diesem Gebet der Sammlung erfahren, daß ich gern und ausführlich darüber schreibe.

Haben Sie bitte Geduld mit mir; aber es ist wirklich so, daß ich offen anderen erzähle, was Gott selber mir geschenkt hat, wenn ich weiß, daß es Ihnen helfen kann.

Gott möge Sie – vielleicht durch meine Worte – auf größere mystische Dinge aufmerksam machen.

Ihre
Teresa von Avila

---

5) Weg der Vollkommenheit 29,7

XIII GEBET DER RUHE

Jesus, der Herr, sei immer mit Ihnen!
Soeben habe ich Ihren Brief bekommen und
möchte Ihnen sofort anworten.
Was Sie in der letzten Zeit gespürt haben, ist
der Anfang von noch größeren Dingen[1]).
Dies alles habe auch ich erfahren. Manchmal
ist es wie mit der Sonne: Man sieht die Strahlen nicht, aber man spürt die Wärme.
O ja, Sie haben recht!
Das Gebet ist jetzt keine zu große Strapaz
mehr; Sie können sich leichter konzentrieren.
Sie erleben Trost und Freude, die Zeit des Gebetes ist Ihnen nicht zu lang, Friede ist in Ihnen.
Dies ist – Gott sei Dank – sehr erfreulich.
Können Sie sich noch erinnern an jenen Brief,
in dem ich Ihnen von einem Garten schrieb?
Ich erzählte von den vier Möglichkeiten, ihn
zu bewässern.
Wissen Sie, Ihre Worte deuten darauf hin,
daß Sie bei der zweiten Möglichkeit sind. Sie
müssen sich weniger anstrengen, und es geht
trotzdem besser . . .

---

1) Brief an Bruder Lorenzo

Langsam werden Sie sehen, wie die Pflanzen zu blühen beginnen; mehr und mehr Blumen gibt es in Ihrem Garten[2])! Ich weiß, daß Sie sich darüber freuen, und das ist gut so.

Wenn Sie aber eines Tages merken, daß die Blumen verwelken, dann lassen Sie sich nicht entmutigen. Sie werden erneut aufblühen, auch wenn es im Augenblick nicht danach ausschaut.

Prüfungen, sehr harte zuweilen, tauchen immer wieder auf.

Die Situation, in der Sie sich befinden, ist von großer Bedeutung. Gott möge mir helfen, Ihnen das klar zu sagen, denn meiner Meinung nach gibt es viele Menschen, die auf dem Weg des Gebetes bis hierher kommen, aber nur wenige, die weiter gehen.

Ich weiß nicht, warum[3]).

Es tut mir leid, daß viele Menschen stecken bleiben. Ob der Grund immer Mangel an Information ist? . . .

Ich fürchte stets, daß die Menschen sich nicht auskennen. Den guten Willen haben doch alle . . .

---

2) Leben 14, 10
3) Leben 15,2

Einige Schwerpunkte wären für Sie jetzt wichtig; und da Sie bei der zweiten Stufe sind, sollten Sie folgendes beachten:

Erkennen Sie immer wieder die Würde, die Sie haben. Der Herr hat Ihnen ein großes Geschenk gemacht. Leben Sie so, wie es dieser Würde entspricht. Sollten Sie aber mal versagen und fallen, dann vergessen Sie nicht das Gebet, denn in ihm werden Sie die Kraft zur Auferstehung finden.

Sollten Sie glauben, daß Ihr Gebet noch sehr klein und schwach ist, dann vergessen Sie nicht, daß es wie ein Funke ist, den der Herr entzündet. Auch wenn dieser Funke ganz klein ist, kann er ein großes Feuer entfachen[4]). Löschen Sie ihn nicht aus!

Denken Sie daran, dies ist ein Zeichen, daß Gott Sie für Größeres auserwählt hat.

Was soll ich Ihnen noch sagen?!

Versuchen Sie in diesem Gebet der Ruhe alles ohne viel Lärm – ich meine: Plagen Sie sich nicht damit ab, mit Ihrem Verstand Argumente und Worte zu finden[5]).

Sie dürfen nicht vergessen: Wir können den Umgang mit Gott nicht mit unserer Kraft er-

4) Leben 15,4
5) Leben 15,6

zwingen, nicht mit dem Verstand und nicht mit Argumenten.

Was wir dabei fertig bringen, sind – bildlich gesprochen – riesige Holzscheite. Aber das ist unvernünftig. Mit solchen Trümmern werden wir den kleinen Funken, d. h. unser Gebet, ersticken.

Plagen Sie also nicht Ihren Verstand. Es ist besser, das Herz sprechen zu lassen.

Argumente gleichen großen Holzscheiten; doch was Ihr Herz ausspricht, ist wie ein wenig Stroh.

Lachen Sie nicht über den Vergleich! Wissen Sie nicht, daß Stroh einen kleinen Funken anzufachen vermag?

Alles, was wir mit gescheiten Argumenten zustande bringen, ist für den Funken unseres Gebetes ungeeignet. Mit solchen „Holzscheiten" löschen wir ihn nur aus.

Was aber unser Herz in aller Einfachheit sagt – auch wenn es nur so wertlos (weil wenig gescheit) scheint – ist gerade das Richtige. Es ist wie Stroh!

Also, Sie wissen es schon: In diesen Zeiten des Gebetes der Ruhe sollen Sie ausruhen, Ihre Argumente beiseite lassen.

Eines ist noch wichtig für Sie: Sollten Sie einmal von Zweifeln geplagt sein, ob etwas von

Gott ist oder nicht, dann merken Sie sich
dies[6]):

> Wenn Gott nicht am Werk ist, werden
> Sie es an den Folgen, die Sie feststellen,
> spüren:
> Unruhe, Mangel an Demut, keine Klar-
> heit im Verstand, der Wille ganz
> schwach . . .
> Wenn Gott am Werk ist, ist alles anders.

Viel wäre gewonnen, wenn die Menschen die
Bedeutung dieses Gebetes der Ruhe verstünden; wenn alle – nicht zuletzt die Gescheiten –
wüßten, wie sie sich in solchen Fällen verhal-
ten sollen.

Möge der Herr unseren Gelehrten diese
Gnade des Gebetes der Ruhe schenken, vor
allem aber Ihnen, die Sie sich Gott in diesem
Maße öffnen.

Und da morgen die Mutter Kirche das Fest Al-
lerheiligen feiert, werde ich ganz besonders
darum beten, daß alle Heiligen für Sie Für-
sprecher vor Gott werden.

Im Herrn verbunden

Ihre
Teresa von Avila

---

6) Leben 15,10

XIV   ANDERE STUFEN

Jesus sei mit Ihnen!

Sie ahnen nicht, mit welcher Sehnsucht ich auf Ihre Antwort wartete. Einer Ihrer Sätze machte mir viel Spaß: „Ich werde Ihren Brief lange zu verdauen haben." Ja, verdauen Sie nur lange – und, wenn es geht, auch langsam!

Warum diese Ungeduld?

Selbstverständlich sind Sie noch nicht am Ende, denn dieser Weg des Gebetes ist nicht das Werk eines Tages.

Es gibt noch andere Stufen, die ich Ihnen zeigen möchte; nur damit Sie wissen, was einem Menschen, der sich Gott ganz überläßt, noch möglich ist.

Die eine Stufe wäre das Gebet der Vereinigung[1]). Glauben Sie mir: Hier ist es am Platz, sich Gott ganz zu überlassen. Er soll über uns verfügen können, wie über etwas Eigenes; wir brauchen uns um nichts mehr zu kümmern.

Was man hier nicht alles erlebt!

Man braucht nicht mehr Wasser zu schöpfen. Können Sie sich noch an den Vergleich mit den vier Bewässerungsmöglichkeiten erin-

---

1) Leben 17,2

nern? Wasser ist in so reicher Fülle da, als würde es aus einem Fluß strömen[2]).

Man hat jetzt nur mehr darauf zu schauen, daß man das Wasser richtig leitet. Welch ein Unterschied! Früher mußte man das Wasser langsam schöpfen; jetzt braucht man es nur noch zu kanalisieren. Wissen Sie, Gott schenkte mir dieses Gebet fünf oder sechs Jahre lang.

Die Knospen öffnen sich, entfalten sich zur Blüte[3]). Man möchte, daß alle es sehen, daß auch alle mit dem Gotteslob anheben; möchte den anderen die eigene Freude mitteilen.

Was glauben Sie, ist mir oft passiert?

Obwohl ich kein Dichter bin, schrieb ich auf einmal Gedichte. In einer solchen Situation ist der Mensch so außer sich, daß er alles für Gott tun würde. Keine Arbeit wäre ihm zu schwer. Nicht einmal Worte finde ich, um es Ihnen zu sagen.

Wie groß ist Gott in seinen Werken!

Und wie viel kann ER in uns wirken, wenn wir IHN nur lassen.

Auf einmal schenkt er uns die tiefe, göttliche Vereinigung mit IHM. Ich könnte Ihnen nicht einmal sagen, ob es richtig so heißt, denn die

---

2) Leben 16,1
3) Leben 16,3

Theologie erklärt mit schwierigen Begriffen; aber eines kann ich Ihnen genau sagen, nämlich, was man dabei empfindet.

Worin diese Vereinigung besteht, ist klar: Aus zwei verschiedenen Sachen wird eine. Welch Zeichen der selbstlosen Liebe Gottes, der uns so Großes ermöglicht, auch wenn wir IHN früher beleidigt haben!

Manchmal war das Erlebnis so tief, und ich war dabei so überrascht, daß ich dem Herrn sagte: „Schau, was Du machst! Wie kannst Du so schnell meine Sünden vergessen?[4] Lege nicht Kostbares in ein so zerbrechliches Gefäß . . . Du darfst mich nicht blind lieben, Du riskierst zu viel dabei."

Öfters kam ich auf den Gedanken, alles sei nur ein Traum. Und doch: Dabei wird die Seele mit einer solchen Fülle bestärkt, daß ihr alles Freude bereiten würde – sogar für Gott zerstückelt zu werden[5].

In diesem Zustand werden dann Versprechen gemacht, werden heroische Entscheidungen getroffen. Die Demut wächst, da die Seele klar sieht. Diese Gnade aber ist kein Verdienst, vielmehr das große Geschenk Gottes. Jene Fülle bleibt längere Zeit hindurch in der

4) Leben 18,4
5) Leben 19,2

Seele und verlangt auch nach der Teilnahme anderer[6]). Sie wird für die anderen von Nutzen, ohne daß diese es merken oder etwas Besonderes tun. Von diesem inneren Reichtum können auch andere profitieren.

Wie gut ist Gott mit uns! Er ist nicht kleinlich mit seinen Gaben. Es scheint fast unmöglich, nach diesen großen Geschenken Gottes noch versagen zu können; aber wir bleiben eben Menschen.

Ja, glauben Sie mir, ich kann dies bestätigen! Wir dürfen aber trotz allen Versagens nicht den Mut verlieren, denn Gottes Barmherzigkeit ist groß. ER vergißt nicht die Menschen, denen ER so viel geschenkt hat.

Gott wird nicht müde zu schenken, und seine Barmherzigkeit ist ohne Ende. Werden wir nicht müde, immer wieder von Gott zu empfangen!

Ihre
Teresa von Avila

---

6) Leben 19,3

XV VEREINIGUNG MIT GOTT

Die Gnade des allmächtigen Herrn sei mit Ihnen!

Vieles wäre in meinem letzten Brief an Sie noch zu sagen gewesen, hätte ich nicht Angst gehabt, Sie mit diesen Themen zu überfordern; aber Sie haben ohnehin einen sehr gesunden und robusten Geist.

Manchmal fürchte ich, die Vereinigung mit Gott nicht gut erklären zu können.

Während dieser Vereinigung wird die Aktivität unseres Willens, unseres Denkens und unseres Gedächtnisses gleichsam auf eine höhere Stufe versetzt. Fürchten Sie jetzt nicht, ohnmächtig zu werden vor den anderen. Nein, es ist einfach so, daß Gott auf eine geheimnisvolle Weise in Kontakt tritt mit der Seele. Freilich ist auch der Körper davon hergenommen.

Solche Sachen gehen vorüber. Es ist, als müßte sich die Seele langsam darauf vorbereiten. Man kann es sich so vorstellen: Gott geht vorbei; er berührt uns, er bleibt aber nicht stehen, sondern geht weiter. Am Anfang währt es nur Momente; und wenn es später einmal eine halbe Stunde anhält, dann ist es schon sehr lang. Bei mir war es nie so lang[1]); obwohl, wenn ich ehrlich bin, es nicht möglich ist, die Zeitspanne zu messen.

Wissen Sie, wie das ist?

Während er Gott sucht, spürt der Mensch, wie er in eine Art freudvolle Ohnmacht versinkt.

Atem und Kräfte scheinen so zu schwinden, daß man nicht einmal mehr imstande ist, die Hände zu bewegen. Die Augen schließen sich, ohne daß man es will; und wenn man sie offen hat, sieht man nichts . . .

Man hört, aber versteht nicht, was man hört . . . Zu sprechen wäre gänzlich unmöglich. Man ist nicht einmal fähig, Worte zu stammeln . . .[2])

In der Tat, die Seele, der Gott für den Augenblick sozusagen den Verstand wegnimmt, um ihr die wahre Weisheit einzuprägen, sieht nicht, hört nicht, versteht nicht[3]).

Ich möchte nun nicht, daß Sie den Eindruck gewinnen, es handle sich um einen Traumzustand. O nein, dies wäre ein Mißverständnis! Es scheint zwar oft so, als würde man einschlummern, doch glauben Sie mir: In diesem

---

1) Leben 18,12
2) Leben 18,10
3) Seelenburg 5,1,9

Gebet der Vereinigung ist die Seele ganz wach für Gott[4]).

Beinahe hätte ich vergessen, Ihnen das zu sagen, was bei dieser Vereinigung sehr wichtig ist – als Beruhigung, meine ich, damit man weiß, daß es keine Täuschung war.

Wie ich Ihnen geschrieben habe, dauert dieser Zustand meist nur kurz, und das Beste daran ist, daß es der Seele noch kürzer vorkommt.

Aber, und das ist jetzt bedeutsam, wenn die Seele wieder zu sich kommt, merkt sie ganz klar und deutlich, daß sie in Gott und Gott in ihr war[5]).

Dies ist ein wichtiges Zeichen, das man achten müßte, denn sonst besteht immer, wenn es um diese hohe Gebetsgnade geht, die Gefahr der Unruhe und Unsicherheit.

Alles Mißtrauen wäre also beseitigt, wenn wir auf dieses eine Zeichen schauen.

Glauben Sie mir, die wahre Vereinigung geschieht im Innern und im Zentrum unserer Seele[6]).

---

4) Seelenburg 5,1,4
5) Seelenburg 5,1,9
6) Seelenburg 5,1,13

Bemühen Sie sich, immer ganz da zu sein für unseren Herrn, der Sie, wenn ER will, in die Mitte Ihrer Seele führt, wo Ihnen seine Großtaten offenbar werden.

Ihre unwürdige Schwester
Teresa von Avila

XVI GESCHENK GOTTES

Der Heilige Geist sei allezeit mit Ihnen!
Heiter stimmt mich Ihr Wunsch, aus eigener
Kraft das Gebet der Vereinigung zu erreichen.
Habe ich mich vielleicht in meinen Briefen
falsch ausgedrückt?
Habe ich etwa in Ihnen den Eindruck erweckt,
wir könnten diese Stufe des Gebetes erklimmen?
Nehmen Sie es nicht als Vorwurf, aber anscheinend muß ich es deutlicher sagen. Wir
können uns zwar auf das Gebet der Vereinigung vorbereiten[1]), was an und für sich nicht
wenig ist, doch kommt dieses als Geschenk,
dann, wenn der Gärtner es am wenigsten erwartet.
Wie ich es Ihnen schon vor längerer Zeit
schrieb: Diese 4. Bewässerungsart (der Regen
vom Himmel) hängt nicht von unserer Arbeit
ab, obwohl sie zunächst fast immer nach einer
langen Meditation oder nach langem inneren
Gebet geschieht[2]).
Also – und ich hoffe, daß es auch Ihnen ganz
klar ist –, dieses Gebet, oder bildlich ausge-

---

1) Seelenburg 5,2,1
2) Leben 18,9

drückt, dieser Regen vom Himmel, ist ein Geschenk Gottes.

Gleichgültig, was wir versuchen: Mit eigenen Kräften werden wir es nie erreichen.

Sie wissen ohnehin, daß man Geschenke nicht verdient, sondern bekommt. So ist es auch hier: Gott, unser Herr, schenkt die Gnade, weil er will und wie er sie will; und wenn die Seele dann nicht vorbereitet ist, bereitet er selber sie vor, damit sie diese Gnade zu erhalten vermag.

Bei IHM ist es eben so, daß er nicht immer diese Gnade schenkt, weil man sie verdient hat[3]).

Zwar wäre es verständlich, wenn Gott diese Gnade in erster Linie jenen schenkte, die sich darauf vorbereitet haben und danach leben.

Jedoch, wenn Sie mich ansehen, werden Sie erkennen, daß jene ein unverdientes Geschenk ist; denn, wie bereits mehrmals betont, war ich nicht immer Gott ganz ergeben und versagte oft in meinem Leben. Gott wollte mich überreich beschenken.

3) Leben 21,10

Auch wenn die Wege Gottes für uns un-
erforschlich sind, sei ER gelobt in Ewigkeit.
Amen.

Ihre
Teresa von Avila

XVII GEISTIGE VERLOBUNG

Jesus sei mit Ihnen!

Wie ich Ihnen im letzten Brief geschrieben habe, beschenkt uns Gott in übergroßem Maße. Seine Liebe zu uns ist so tief, daß er immer wieder Wege findet, uns arme und sündige Menschen zu begnaden.

Um Ihnen noch weitere große Gaben des Herrn beim Gebet zu erklären, würde ich gern einen Vergleich verwenden – auch wenn dieser etwas abgedroschen ist.

Sie haben sicher schon oft gehört oder in der Bibel gelesen, daß Gott sich mit den Seelen geistig verlobt[1]).

Entschuldigen Sie – aber ich finde nun eben nichts Besseres, um dies zu erklären, als das Sakrament der Ehe.

Der erste Schritt ist die Verlobung, die in der Einheit des Willens besteht. Sie ist ein Zustand, in dem die Seele eins mit Gott geworden ist[2]).

Manchmal frage ich mich, was Sie denken werden, wenn Sie meine Briefe lesen, denn mir ist klar, daß dieses Thema einerseits sehr

---

1) Seelenburg 5,4,3
2) Seelenburg 6,4,8

schwierig, anderseits aber für Menschen wie Sie nötig ist.

Haben Sie Geduld mit mir! Hoffentlich kann ich Ihnen ein wenig helfen.

Um wieder auf unser Thema zurückzukommen: Sie wissen ja, was vor jeder Verlobung notwendig ist.

Bevor man sich verlobt, soll man darauf achten, ob es gehen wird.

Man kommt öfters zusammen, um sich besser kennenzulernen und mehr Freude miteinander zu erleben.

Genau so ist es bei der geistigen Verlobung, obgleich es hier kein Nehmen und kein Geben mehr gibt. Vielmehr schaut die Seele auf eine geheimnisvolle Weise ihren Bräutigam[3]).

Allerdings sieht hier alles – menschlich betrachtet – nicht so schön aus, denn ich zweifle sehr daran, daß Menschen, die geistige und himmlische Dinge zutiefst genießen, frei sind von Mühe und Arbeit[4]).

Ich könnte mir vorstellen, daß sie manchmal Verleumdungen von Menschen erleiden müssen, die mit ihnen leben und mystische Gaben falsch interpretieren; in anderen Fällen

---

3) Seelenburg 5,4,4
4) Seelenburg 6,1,3

sind es vielleicht Krankheiten oder, noch schlimmer, ein unsicherer Beichtvater, der sich in den mystischen Dingen nicht auskennt.

So ein Mensch wird ordentlich hergenommen, geläutert und gereinigt, auch wenn er dafür mystische Gnaden erlebt, die ihn innerlich so tief berühren, daß der Bräutigam bei ihm ist[5]).

Sie möchten nun unbedingt wissen, was man auf dieser Gebetsstufe spürt.

Sehen Sie, etwas ähnliches hat die Seele bereits bei der Stufe der Vereinigung erlebt. Hier jedoch reicht alles viel tiefer:

> In der wahren Verzückung hebt Gott die Seele ganz zu sich empor und läßt dabei kein Hindernis gelten. Wenn Gott die Seele zur Verzückung erheben will, dann schwindet der Atem derart, daß man nicht einmal zu sprechen vermag; werden Hände und Körper kalt, sodaß man glauben könnte, die Seele sei entwichen[6]). Diese Zustände dauern allerdings nicht lange.

Sie kommen freilich öfters vor und man kann nichts dagegen machen, auch wenn es bis-

5) Seelenburg 6,2,1
6) Seelenburg 6,4,13

weilen peinlich sein kann, da solche Verzük-
kungen auch in der Öffentlichkeit gesche-
hen[7]).
Sie ahnen, was ich meine: daß nämlich die
Leute darüber sprechen, es falsch kommen-
tieren und dadurch leider oft unangenehme
Situationen verursachen.
Noch etwas fällt mir ein – diesmal jedoch
handelt es sich wieder um Positives und
Schönes:
Sie können sich bestimmt vorstellen, was die
Verlobten bei besonderen Anlässen tun: Sie
schenken einander als Zeichen der Liebe eine
kostbare Perle oder kostbaren Schmuck.
Dieser Vergleich paßt recht gut zu unserem
Thema[8]), denn auch der Bräutigam Jesus
schenkt der Seele kostbare Perlen – ich meine
außerordentliche mystische Gnaden – als Un-
terpfand seiner Liebe.
Glauben Sie nicht, daß er, der Vergleich, hin-
reicht, um hohe mystische Dinge anschaulich
zu erklären?
Gott möge mir verzeihen, daß ich nicht so sy-
stematisch und geordnet schreibe, wie ich es
gern möchte. Und doch hoffe ich, Ihnen ei-

---

7) Seelenburg 6,6,1
8) Seelenburg 6,5,11

nige brauchbare Erklärungen gegeben zu haben.

Wie groß ist doch unser Bräutigam, wie wertvoll sind seine Geschenke! Er möge uns Kraft und Wachsamkeit verleihen, damit wir seine kostbaren Perlen auch nicht verlieren.

Beten Sie um diese Gnade!

Ihre
Teresa von Avila

XVIII   DIE SCHÖNSTE WOHNUNG

Die Gnade des allmächtigen Gottes sei immer mit Ihnen!

Auf diesen Brief freute ich mich schon lange, denn ich wollte Ihnen mitteilen, wie schön die zentrale Wohnung in unserer Burg ist. Jedoch bin ich ein wenig im Zweifel, ob es nicht besser sei, dieses Thema nur kurz zu behandeln[1]), denn Sie könnten sonst meinen, ich kenne jene Wohnung aus Erfahrung, was mir nicht recht wäre.

Immerhin kann ich Ihnen etwas mitteilen.

Bevor die geistige Vermählung vollzogen wird, führt der Herr die Seele, die er sich auserwählt hat, in diese Wohnung hinein. Und langsam wird die Seele eins mit Gott[2]).

Ähnliches habe ich Ihnen, glaube ich, schon bei der Verlobung geschrieben. Hier jedoch ist es anders.

Verlobte können sich hie und da noch trennen, Vermählte aber nicht mehr. Es ist, wie wenn ein Fluß ins Meer hineinfließt. Das Wasser des Flusses und das Wasser des Mee-

---

1) Seelenburg 7,1,2
2) Seelenburg 7,2,4

res lassen sich nicht mehr voneinander scheiden[3]).

Leuchtet Ihnen dieser Vergleich ein?

Mir half er, die Wahrheit zu verstehen. Ich sage Ihnen: Die Einheit ist so tief, daß man an den Folgen bald vieles merken kann.

Etwas, was hier zu spüren ist, ist die Freude. Die Seele verliert nicht den Frieden, auch wenn Prüfungen auftauchen[4]). Es mag vielleicht unglaubwürdig klingen, aber die Seele ist trotz Schwierigkeiten in Frieden.

Die Seele verliert den Frieden nicht; ja selbst wenn sie verfolgt wird, bewahrt sie den inneren Frieden[5]).

Ich kann mich z. B. daran erinnern, daß man bei anderen Gebetsstufen den Tod wünscht, um dem Herrn nahe zu sein.

Dieser Wunsch zu sterben ändert sich nun auf einmal zu jenem, Gott hier auf Erden zu dienen. Und die Seele wünscht im irdischen Dasein, viele Jahre zu leben[6]).

Sie will alle Beschwernisse auf sich nehmen in der Hoffnung, daß der Herr dadurch gelobt und gepriesen wird.

---

3) Seelenburg 7,2,6
4) Seelenburg 7,2,13
5) Seelenburg 7,3,3
6) Seelenburg 7,3,4

Ach, wenn Sie doch wüßten, wie diese tiefe Einheit mit Gott sich auswirkt! Mich fasziniert immer jener innere Friede, den nichts zu rauben vermag.

Glauben Sie nicht, daß ein solcher Zustand befreiend und beglückend ist?

Diese Vereinigung mit Gott ist so tief und wesentlich, daß die Seele alles, was Gott tut, für gut hält, auch wenn es sich um Leiden handelt[7]).

Unser Herr sei gepriesen, weil er so Großes in uns wirken kann.

Mögen wir uns IHM vorbehaltlos hingeben, wenn er uns dazu erwählt.

Ihre
Teresa von Avila

---

7) Seelenburg 7,3,2

XIX GOTTESWEGE

Die Gnade des Heiligen Geistes sei mit Ihnen! Gern möchte ich wissen, was Sie jetzt, nach meinem letzten Brief, denken.

Sind Sie vielleicht erschrocken oder beunruhigt? Sind Sie gar durcheinander?

Ich fühlte mich verpflichtet, Ihnen sofort eine Erklärung zu schreiben, aus lauter Angst, Sie könnten meinen Brief mißverstehen. Ich möchte Sie beruhigen, trösten.

Sehen Sie, der Weg des Gebetes ist lang und doch möglich. Jeder Weg konfrontiert uns mit verschiedenen Hindernissen; zugleich aber erwarten wir von einem Weg, daß er uns zum Ziel führt.

Wir wissen nicht, wie weit entfernt unser Ziel ist oder wie hoch unser Gipfel.

Auf diesem Weg des Gebetes ist es nämlich so, daß wir nicht wissen, welche Gnaden und Geschenke wir von Gott bekommen werden.

Wir wissen nicht, ob Gott uns mystische Gnaden schenken wird.

Zu ihrer Beruhigung sage ich Ihnen, daß die Heiligkeit nicht in mystischen Phänomenen besteht – weder in Visionen, noch in Erscheinungen oder ähnlichen Erlebnissen. Und doch ist es so, daß Gott manchen Menschen solche mystische Begnadigungen schenkt.

Da wir also Gottes Absichten mit uns nicht kennen, ist es wichtig, daß wir uns IHM ganz anvertrauen, daß wir uns von IHM führen lassen. Pflegen wir oft den Kontakt mit IHM, sprechen wir oft mit IHM, schauen wir IHN oft an.

Das können wir überall tun.

Wie schlimm wäre es, wenn das Gebet nur in verborgenen Winkeln möglich wäre!

Nein, wer liebt, kann überall lieben und immer an den Geliebten denken[1])!

Dies soll unsere Aufgabe sein: IHN zu lieben und bei IHM zu sein.

Freuen wir uns über unseren Gott, der sich so erniedrigt hat, um in uns wohnen zu können, so wie es der hl. Evangelist Johannes schreibt:

> „Wer mich liebt, wird mein Wort festhalten. Mein Vater wird ihn lieben, und wir werden zu ihm kommen und bei ihm wohnen."

---

1) Klosterstiftungen 5,16

Alle Menschen sollen unseren Herrn und Meister loben und preisen. Sei gelobt und gebenedeit in alle Ewigkeit! Amen.

Ihre
Teresa von Avila

XX LICHT UND SCHATTEN

Jesus, unser Herr, sei mit Ihnen.

Ihre letzten Zeilen lassen mich erkennen, in welcher Situation Sie sich befinden.

Ja, ich verstehe dieses Hin und Her:

> Freude darüber, daß man Gott ganz gehören will, Traurigkeit über die Fehler, die man immer wieder bei sich entdeckt.

Wie schmerzlich ist diese Erfahrung der eigenen Grenzen und des eigenen Versagens.

Trotzdem glaube ich, daß diese Situation kein Grund zur Entmutigung oder Verzweiflung sein darf.

Nein, es ist nicht wahr, daß Sie jetzt mehr Fehler als früher haben, aber diese sehen Sie nun deutlicher.

Stellen sie sich vor, wir befinden uns in einem Raum, der schlecht beleuchtet ist. Da das Licht sehr schwach ist, übersehen wir viele Dinge. Je stärker aber das Licht ist, desto mehr sehen wir; ja, sogar Kleinigkeiten werden uns auffallen.

Glauben Sie nicht, daß es auch bei Ihnen so sein könnte?

Momentan fällt Ihnen vieles auf und Sie registrieren kleine Fehler, die bisher für Sie unbekannt waren.

Sie tasten nicht im Finstern herum, Sie sind vom Licht umgeben. Je mehr Sie im Licht stehen, desto heller wird es in Ihnen sein.

Ist es nicht beglückend zu wissen, daß der Herr mit seinem Licht bei Ihnen ist?

Manchmal denke ich mir, wenn ich an einem Fluß vorbeikomme und ins Wasser blicke, wie sauber es doch ist. Leuchtet aber die Sonne darauf, dann kann ich erst recht unterscheiden, ob es trüb ist oder nicht[1]).

So ist es auch bei uns.

Wenn die Sonne, der Herr, in uns hineinleuchtet und uns mit seinen Strahlen durchdringt, dann erkennen wir ganz klar, was bei uns trüb oder fehlerhaft ist.

Haben Sie mich verstanden? Sie sehen und entdecken auf einmal mehr in Ihnen, weil der Herr bei Ihnen ist und Sie auch die Schattenseiten sehen läßt.

Darf ich Ihnen einen Rat geben?

Da Sie sich Gott ganz überlassen wollen, dürfen Sie sich von solchen Gedanken nicht irritieren lassen.

Wichtig ist, daß Sie immer offen und zugänglich für den Herrn sind. Auf diese Haltung kommt es an.

---

1) Leben 20,28

Lassen Sie zu, daß Gott von Ihnen Besitz ergreift. Dann wird Ihnen klar werden, was ER aus Ihnen machen kann.

Vielleicht besteht unsere Aufgabe ganz schlicht und einfach darin, wie Wachs zu sein. Sie wissen schon, was ein Wachssiegel ist und wie es zustande kommt.

Das Wachs muß weich sein, damit sich das Siegel einprägen läßt[2]).

Was meinen Sie zu diesem Vergleich?

Glauben Sie nicht, daß unser ganzes Mühen darin besteht, für Gott verfügbar zu sein, uns Ihm ganz zu überlassen wie weiches Wachs, damit ER uns formen kann?

Wie schön wäre es, wenn Sie in Ihrer Bereitschaft ganz selbstlos würden.

Wie erfreulich wäre es, wenn Sie sich dem Herrn ganz zur Verfügung stellten.

Gott möge Ihnen diese Gnade schenken und Sein Bild Ihnen einprägen.

Ihre

Teresa von Avila

---

2) Seelenburg 5,2,12

GEBETSLEBEN IM KARMEL

Unsere Ordensfamilie hat eine besondere Berufung zum Gebet empfangen. Diese Berufung hat unsere Regel dadurch zum Ausdruck gebracht, daß sie die Weisung des Evangeliums aufnahm, ,,Tag und Nacht ohne Unterlaß zu beten''. In dieser Vorschrift der Regel sah die heilige Teresa von Avila Achse und Zentrum unseres Lebens und nahm sie als Ausgangspunkt für die geistliche Erneuerung und Neugestaltung des Karmel. Von der heiligen Teresa wird die Berufung des Karmel verstanden und weitergegeben, vor allem als Leben des Gebetes. Alle übrigen Elemente, die zum Wesen unseres Charismas gehören, sind auf das Gebet hingeordnet und nehmen von ihm ihren Ausgang.

Damit diese Gebetsweise unser karmelitanisches Leben durch und durch bestimmt, muß sie das Innenleben eines jeden einzelnen, den Rhythmus und Strom brüderlicher Verbundenheit innerhalb der Gemeinschaft und die apostolische Tätigkeit formen und durchdringen.

Wenn Sie noch Näheres über das Gebetsleben
im Karmel wissen wollen, wenden Sie sich an:

Provinzialat der Karmeliten
Silbergasse 35
1190 Wien